coleção primeiros passos 16

Carlos A. C. lemos

O QUE É ARQUITETURA

editora brasiliense

Copyright © by Carlos A. C. Lemos, 2009
Nenhuma parte desta publicação pode ser gravada,
armazenada em sistemas eletrônicos. fotocopiada,
reproduzida por meios mecânicos ou outros quaisquer
sem autorização prévia do editor.

Primeira edição, 1980
13ª reimpressão, 2017

Diretoria Editorial: *Maria Teresa Lima*
Editor: *Max Welcman*
Produção Editorial: *Heda Lopes*
Produção Gráfica: *Laidi Alberti*
Diagramação: *Iago Sartini*
Revisão: *Vivien Lando e José E. Andrade*
Capa: *Otávio Roth e Felipe Doctors*

Dados Internacionais de Catalogação na Publicação (CIP)
(Câmara Brasileira do Livro, SP, Brasil)

Lemos, Carlos A. C., 1925-
    O que é arquitetura / Carlos A. C. Lemos. - -
7. ed. - - São Paulo: Brasiliense, 1994. - - (Coleção Primeiros Passos; 290)

ISBN 85-11-01016-5

1. Arquitetura 2. Arquitetura - História I. Título. II. Série

94-3175   CDD-720

Índices para catálogo sistemático:
1. Arquitetura 720

editora e livraria brasiliense
Rua Antônio de Barros, 1720 – Tatuapé
CEP 03401-001 – São Paulo – SP
www.editorabrasiliense.com.br

SUMÁRIO

A construção bela 7

A arquitetura ao longo do tempo 20

O partido arquitetônico. 37

Arquitetura moderna 57

Bibliografia 75

Sobre o autor 78

A CONSTRUÇÃO BELA

É claro que para todos a arquitetura está sempre ligada à construção, mas nem todo mundo sabe dizer com precisão como se entrelaçam os significados dessas expressões. Também, de certo modo, as pessoas procuram achar um vínculo entre a arquitetura e a beleza e para quase todos, então, arquitetura seria a providência de uma construção bela.

Está visto que esse raciocínio generalizado tem sua grande dose de razão, surgindo, porém, uma dúvida a respeito da subjetividade dos julgamentos acerca do que seja ou não uma construção bela. Há de se indagar, também, se os conceitos de beleza do autor da obra, se é que ele os tem, ou teve, e os dos críticos são os mesmos. Nunca será fácil separar as construções belas das outras, para que possam ser eleitas e distinguidas como trabalhos de arquitetura.

Essas divagações já nos aconselham, por medida de prudência metodológica, a dividir as construções, em geral, em três grandes grupos: as levantadas segundo um critério artístico qualquer, por todos conhecido; as erguidas sem um desejo específico de se fazer arte, mas admiradas por poucos elementos da sociedade a elas contemporâneos, ou mesmo por terceiros, a *posteriori*, como verdadeiras fontes de prazer estético e, finalmente, as construções nascidas ao acaso, por iniciativa de pessoas realmente destituídas de senso estético e que a ninguém agradam. Este último grupo de construções é obviamente destituído de qualquer interesse ao tema deste livro, destinado a ser de divulgação do que é a arquitetura, não havendo impedimento, no entanto, a que essas obras venham a ser motivo da atenção dos estudiosos de outros ramos do conhecimento.

É-nos difícil imaginar construções levantadas sem que tenha havido um mínimo de desejo participante de se fazer algo belo dentro de uma estética, rudimentar que seja. Talvez os melhores exemplos dessas construções erguidas sem uma arte deliberada estejam nas obras temporárias destinadas ao fim precípuo de fornecer abrigo – aí estariam os barracões improvisados para operários em serviços distantes, os barracos de favela no início daquela ocupação coletiva e que muitas vezes, como já pudemos observar, passam a receber, ao longo do tempo, intervenções "embelezadoras" à medida que a provisoriedade cede lugar à permanência definitiva.

Ao longo destas linhas tentaremos ver o que venha a ser arquitetura – a providência de uma construção bela, como dissemos há pouco. A beleza é cogitação da estética, disciplina que, naturalmente, não é exclusiva da arquitetura e sim das artes em geral, e nesses caminhos e descaminhos do belo iremos nos perder tentando explicar o papel da arquitetura em nossa vida. Daí a opção de nosso enfoque neste texto, como se verá.

Existem muitas obras de tratadistas sobre teorias da arquitetura baseadas em posições filosóficas, algumas bastante herméticas, que poderão servir de guias seguros aos interessados na estética arquitetônica. Aliás, nesta coleção de livros, fatalmente surgirá o volume *O que é estética* – trabalho destinado a completar as lacunas intencionais destas linhas. Assim, falaremos do belo aqui e acolá sem defini-lo e trataremos do binômio ciência-arte contido em todas as definições de arquitetura, procurando ver com maior ênfase só os determinantes, ou condicionantes *não estéticos* que necessariamente mantêm relações entre si quando agem na criação arquitetônica.

O segundo grupo de construções antes mencionado, encerrando uma enorme soma de interesses, permite-nos indagações mil sobre o prazer estético oferecido à revelia de seus responsáveis diretos. Esse agrupamento é, praticamente, composto em sua totalidade de obras ditas populares, que são analisadas, interpretadas e curtidas pelos críticos eruditos. Compõem o imenso rol de bens culturais onde cabe a expressão "arquitetura sem arquitetos", isto é, construções belas de alguma forma, sem ter havido, *a priori*, uma intenção plástica regida pelos cânones ditos civilizados, sem ter havido uma vontade de fazer arte.

A curiosidade dos estudiosos em geral e dos artistas em particular por essas obras relacionadas como produtos de "arte popular" é relativamente recente, dos meados do século XIX e início deste, quando as gravuras japonesas e as esculturas africanas despertaram a atenção dos críticos europeus como verdadeiras causas de fruição artística. Na verdade, sejam obras populares de qualquer continente, sejam obras denominadas também genericamente de "primitivas", por derivarem de intelectos considerados "rudimentares", como de negros selvagens africanos, de índios brasileiros etc., reúnem uma peculiaridade: são trabalhos executados por uma comunidade e consumidos por essa mesma comunidade, segundo a somatória de conhecimentos disponíveis e a partir dos recursos que o meio ambiente oferece. Daí, por exemplo, a expressão "vernácula" para designar a arquitetura desses povos *ainda* alheios às influências de fora, das culturas dos povos dominantes, cujo espírito crítico justamente é que irá julgar nela o que é belo e o que é destituído de interesse artístico.

Cada vez maior a possibilidade de comunicação entre os povos, estão desaparecendo os locais onde se produz ou se produzia essa arquitetura vernácula, a vítima primeira dos processos colonialistas. Hoje, ainda são conservados exemplares mais que interessantes dessas construções populares no sul da Itália, na Europa Central, na Espanha e aqui e ali no mundo ocidental, inclusive transformados até em objetos de curiosidade turística e restando como testemunhos significativos de culturas passadas. E pela África, Ásia, Oceania e América também podemos encontrar outros exemplares de construções vernáculas ainda não poluídas pela ação do colonizador – são as construções chamadas de "primitivas" propriamente ditas e possuidoras de qualidades plásticas a nós nada desprezíveis, merecedoras, portanto, de estudos críticos.

Também não devem ser esquecidos nesse segundo grupo de obras os exemplos de arquitetura nascida a partir do primeiro contato entre povos primitivos e colonizadores civilizados, principalmente nos locais que tiveram o seu desenvolvimento retardado devido à momentânea falta de atrativos econômicos. Foi o caso, por exemplo, da arquitetura colonial paulista, também chamada de bandeirista, por ter sido praticada pela sociedade de serra acima, em São Paulo, caracterizada por ter patrocinado as bandeiras de devassamento do sertão.

Essa arquitetura, de indiscutível procedência ibérica, certamente espanhola,[1] foi repetida à exaustão no Planalto durante

Habitação indígena.

---

[1] De Aracy Amaral, ver especialmente A hispanidade em São Paulo: da Casa Rural à Capela da Santo Antônio, *Barroco* (7): 21-70, 1975.

duzentos e cinquenta anos, no mínimo, o que permitiu uma estabilização que lhe deu ares de vernaculidade.

É certo que no isolamento da São Paulo dos primeiros tempos, isolamento devido à aspereza do caminho da Serra de Paranapiacaba, "de onde se enxerga o mar" no dizer dos índios, se cristalizaram usos e costumes que assumiram uma feição toda peculiar, própria do mameluco surgido naquele cenário e a partir de meia dúzia de famílias europeias, grande parte castelhana. Uma sociedade muito bem definida. Sociedade ímpar, segregada às margens do Tietê, rio que corria para dentro, evitando o mar. Povo virado para o interior, buscando no sertão o seu sustento.

Apesar da presença erudita atuante de seus inimigos éticos, os jesuítas, o paulista, mameluco, analfabeto e preador de índios, na verdade, não poderia ter pruridos artísticos como os entendemos hoje. Por certo, pragmaticamente construía com o material de que dispunha – a terra socada nos taipais – copiando e recopiando modelos antigos. Queria era morar de acordo com os programas inalteráveis havia gerações – programas, aliás, quase que desconhecidos em sua integridade nos nossos dias. Chegamos mesmo, certa vez, a dizer que a casa bandeirista era uma "esfinge semi-decifrada".[2] Hoje, extasiamo-nos frente à monumental idade serena e cheia de si da Casa do Padre Inácio, em Cotia, por exemplo. No entanto, perguntamos, até que ponto seu construtor estava realmente imbuído de uma determinação de criar uma obra de arte autônoma, vista como um todo? É certo que os ornatos entalhados nos cachorros do beiral fronteiro são delibera-

---

[2] LEFÉVRE, Rende e LEMOS, Carlos A. C. *São Paulo, sua arquitetura: colônia e império*, p.9.

mente uma ornamentação diferenciadora dão status à fachada, distinguindo-a das fachadas secundárias e, consequentemente, também poderiam diferenciar a casa das demais vizinhas, destituídas de enfeites entalhados. Até quando, porém, podemos julgar essa providência decorativa como uma intenção plástica desejosa de enquadrar a construção dentro de um possível esquema artístico regional? Enfim, a arquitetura, boa ou má, não se define pelo ornato oposto à construção e não nos esqueçamos de que todas as casas rurais da época tinham praticamente a mesma planta, com variações irrelevantes, e eram construídas segundo a mesma técnica, a taipa de pilão, exaustivamente repetida.

Esse quadro paulista, que também incluiu soberbas recriações, a partir de modelos maneiristas europeus, nas obras religiosas, especialmente retábulos de altares e imagens de terracota, apresenta, então, similitudes com o panorama geral formado pelas atrás mencionadas obras populares vernáculas do segundo grupo, embora no sincretismo de suas soluções formais compareçam componentes eruditos da arquitetura ibérica.

Casa do Sítio do Padre Inácio, Cotia, São Paulo.

Retábulo do Altar da Capela de Santo Antonio.

Se pensarmos bem, a esse segundo agrupamento de construções, que podemos julgar de validade estética, embora seus autores não estivessem imbuídos do desejo de fazer arte, poderá, também, ser incorporado um sem número de obras executadas por técnicos dedicados unicamente a resolver problemas práticos por meio da tecnologia disponível no momento. São trabalhos geralmente vistos como meras obras de engenharia. Essas estruturas raramente eram aceitas, em sua pureza formal, como trabalhos arquitetônicos propriamente ditos. Hoje é que neles vemos a validade artística, contrariando aquele desdém que foi típico do século XIX. Como teriam, por exemplo, se comportado os críticos de arte face ao monumen-

O que é arquitetura   15

tal Palácio de Cristal, construído pelo fabricante de estufas Joseph Paxton[3] por encomenda do governo da rainha Victoria para abrigar a célebre exposição comprovadora de todo o poderio do Império Britânico? A simples satisfação de um programa de necessidades – a função corretamente expressa – não seria o mérito suficiente ao reconhecimento como obra arquitetônica? Outra obra de envergadura, que preencheu plenamente a função a que se destinava, mas alvo de violentas críticas, merecendo mesmo um abaixo-assinado de intelectuais contra sua ereção antes da exposição da qual seria o símbolo grandiloquente, foi a célebre torre levantada em Paris por Eiffel. (A Torre Eiffel foi projetada por Gustave Eiffel para a "Exposition Universelle" em Paris, 1889. Sua construção iniciou-se em 1878, sofrendo ampla oposição da intelectualidade francesa, no caso, comandada pelos poetas parnasianos. Roland Barthes em ótimo texto alusivo àquela torre faz pertinentes comentários sobre o protesto e transcreve o manifesto, que assim começa: *Nous venons, écrivains, sculpteurs, architects, peintres, amateurs, passionnés de la beauté, jusqu'ici intacte de Paris, protester de toutes nos forces, de toute notre indignation, au nom du goût français méconnu, au nom de l'art et de l'histoire françaises menacées, contre l'erection, en plein coeur de notre capitale, de l'inutile et monstrueuse Tour Eiffel*. Entre os assinantes dessa "Protestation des Artistes" figuravam, por exemplo, Ernest Meissomier, Charles Gounod, Charles Garnier, Alexandre

---

[3] O "Crystal Palace" foi projetado por Joseph Paxton para a "Great Exhibition of the Works of Industry of Ali Nations", em Londres, 1851. A primeira construção deu-se no Hyde Park e a segunda em Lydenham, Londres, 1852-54, tendo sido destruída em 1936 por um incêndio.

Dumas, filho, François Coppée, Leconte de Lisle, Sully Prudhomme, Guy de Maupassant etc.) Esse monumento, cujo formato decorreu de uma fórmula matemática ligada aos sólidos de igual resistência, é hoje considerado de bom gosto, não havendo discussões a seu respeito. Podemos argumentar que talvez Eiffel não estivesse atendendo aos conceitos "oficiais" de arte daquele tempo do ecletismo, mas estaria, sem dúvida, satisfazendo a seus ideais estéticos particulares de engenheiro, ligados à geometria, às formas puras, aos volumes derivados de equações cuja dedução lhe haviam dado prazer e possibilitado sensibilização espiritual.

Foi a partir da Revolução Industrial, com todo o seu novo repertório de soluções tecnológicas, que surgiu essa postura que não enquadrava nas definições correntes de arquitetura tais obras

Palácio de cristal, Londres.

O que é arquitetura 17

Torre Eiffel.

utilitárias. A revelia dos ensinamentos acadêmicos, no entanto, foi surgindo um novo modo de olhar as coisas, que enfatizava as recentes concepções estruturais e toda a sua potencialidade. Novos programas de necessidades eram satisfeitos por novas técnicas.

Deu-se o surgimento de uma "arquitetura paralela" decorrente dessa visão ligada ao racionalismo tecnicista – visão essa que, no modernismo, chega mesmo a um certo radicalismo por parte de alguns profissionais plenamente convictos de que a beleza somente pode emanar das corretas fórmulas matemáticas, regentes do uso apropriado dos materiais de construção.

Assim, vislumbramos duas posições: a que enfatiza o belo e, nesse esteticismo, relega a plano secundário o aspecto construtivo, e a que, ao contrário, enxerga na satisfação das normas técnicas e das necessidades programáticas o fim primeiro, não havendo anteriormente uma intenção plástica – a beleza resultaria de modo natural a quem soubesse vê-la.

No primeiro dos jeitos de posicionar a questão, procurava-se sempre realçar a prioridade da aparência, da parte visível capaz de emocionar esteticamente, sendo secundário saber como essa aparência foi conseguida. Arquitetura, para muita gente, seria a providência dessa aparência provocadora de emoções estéticas. A arquitetura já estaria definida ao nível do simples projeto. Arquitetura seria só a intenção de se fazer arte em cima de uma construção. Daí a separação imediata das atribuições profissionais entre arquitetos e engenheiros. Os primeiros poderiam atuar indiferentemente *a priori* ou *a posteriori*. Poderiam projetar um edifício, cuidando de suas aparências, de seus espaços monumentais, sem indagações concomitantes acerca das condições técnicas, já existindo receitas de como disfarçar, inclusive, os agenciamentos tecnicistas. Com o advento do concreto armado, já no final do século XIX, esse posicionamento ficou muito claro com a sistemática escamoteação da estrutura. E quantas e quantas vezes o arquiteto era chamado para dar interesse artístico a construções já prontas e "nuas" de qualquer ornamentação. No Brasil mesmo tivemos um exemplo interessante desse posicionamento puramente esteticista: por época do projeto da nova Avenida Central, hoje Rio Branco, no Rio, houve um concurso entre arquitetos somente para a solução das fachadas dos novos edifícios ali programados, independentemente das plantas, dos programas, das técnicas construtivas, estando unicamente estabelecidos os gabaritos e os metros da testada dos lotes.[4]

Na verdade, fazendo essas considerações sobre o comportamento crítico do século XIX, estamos nos adiantando, pois o tema poderá ser melhor analisado quando tratarmos da arquitetura moderna assunto, a nosso ver, de interesse maior à divulgação pretendida por este livro. Assim, não custa vermos como, ao longo da história, se posicionaram os pensadores a respeito da arquitetura.

---

[4] Ver o importante trabalho do Prof. Paulo F. Santos, *Quatro séculos de arquitetura*, p. 85, onde se relata com pormenores o tal Concurso Internacional de Fachadas, que se inspirava na anterior experiência francesa em Paris, ainda no tempo de Napoleão, durante a construção da Rua Rivoli e da Praça Vendôme

A ARQUITETURA AO LONGO DO TEMPO

Já por volta de quatrocentos anos antes de Cristo, Platão ligava a arquitetura à lógica das construções – a arquitetura não seria uma aparência das coisas, mas a coisa em si própria. Dizia ele: "A arquitetura e todas as artes manuais implicam numa ciência que tem, por assim dizer, sua origem na ação e produzem coisas que só existem por causa delas e não existiam antes".[5] Essas coisas, ou melhor, essas construções, baseadas na melhor utilização possível dos blocos de mármore, aliavam a tecnologia apropriada a uma indiscutível intenção plástica, que ia até os requintes das deformações corretoras das ilusões ópticas, definindo, assim, a criação artística. Logo depois, Aristó-

---

[5] BORISSAVLIEVITCH, M. *Les theories archteciture.*, p. 1-2.

teles corroborava esse pensamento de seu mestre dizendo que a arte da arquitetura era o "resultado de certo gênero de produção esclarecida pela razão"...[6]

Pelo que hoje sabemos, os filósofos da Grécia não se dedicaram a fundo aos problemas estéticos contidos na análise da arquitetura e a ideia grega a esse respeito veio até nós nas entrelinhas dos textos de Vitrúvio, que é considerado o fundador da estética da arquitetura. Os seus "Dez livros de arquitetura" representam o pensamento da antiguidade sobre a arte de construir e é uma pena que essa obra tenha chegado incompleta e desacompanhada das ilustrações, indispensáveis à compreensão dos temas e teorias ali expostas. Muitas passagens não são nada claras, permitindo interpretações variadas de analistas contemporâneos.

De início, Vitrúvio percebe na arquitetura três aspectos: a solidez, a utilidade e a beleza, dando, assim, importância maior ao lado prático ou técnico, deixando o artístico propriamente dito por último. Quando, porém, se detém com mais vagar a dissertar sobre os componentes de uma ampla definição da arquitetura, empresta maior atenção é às categorias diretamente ligadas à estética. Propõe o ilustre arquitete e teórico seis "divisões" à sua visão do que seja arquitetura: 1) Ordenação (*ordinatio*), que se refere ao dimensionamento justo das partes que compõem o edifício, tendo em vista as necessidades do programa e de todo o conjunto, quando trata, inclusive, da modulação e das unidades de medida; 2) Disposição (*dispositio*), que seria o "arranjo conve-

---

[6] I bid., p. 2-3.

O templo grego – Parthenon.

niente de todas as partes, de sorte que elas sejam colocadas segundo a qualidade de cada uma" e onde são considerados os critérios de composição, implicitando, inclusive, a representação gráfica do projeto; 3) Euritmia (*eurytmia*), que é a categoria disposta por Vitrúvio cuja compreensão é bastante dificultada pela carência de explicações maiores, sendo bastante confusas as interpretações dos tratadistas que escreveram sobre esse texto clássico. O conhecido estudioso das teorias da arquitetura Borissavlievitch, a quem recorremos neste instante, julga que a euritmia não passa daquilo que modernamente chamamos de harmonia; 4) Simetria (*symmetria*), que era, ao lado da euritmia um dos conceitos fundamentais da estética clássica, também é hoje nebulosamente compreendido, inclusive devido ao significado diferente que o termo possui em nosso linguajar corrente.

Simetria seria o cálculo das relações, que os gregos chamavam de "analogias", entre as partes de uma construção, cálculo esse estabelecido por meio de uma medida comum, denominada "modulus" por Vitrúvio; 5) Conveniência (*decor*) é a categoria que trata justamente da disposição conveniente de cada uma das partes do edifício segundo as necessidades do programa, o destino das dependências, o caráter de seu ocupante etc. Trata, inclusive, da unidade de estilo, da "unidade na variedade", onde reside o seu valor estético; 6) Distribuição (*distributio*), que trata do "princípio em virtude do qual nada se deve empreender fora das possibilidades daquele que faz a obra e segundo a comodidade do lugar, controlando tudo com prudência".[7]

Pelo que vimos, Vitrúvio, nos seus seis princípios, dedicou-se praticamente à estética do projeto arquitetônico, não se referindo a ela somente na primeira e na sexta categorias. Os seus "Dez livros de arquitetura", onde trata exaustivamente da arte de construir, são, até hoje, analisados pelos teóricos. Sua obra foi considerada a "Bíblia" dos arquitetos, principalmente durante o Renascimento, quando constituiu uma espécie de ponte entre o passado clássico grego e o modernismo, apesar das imprecisões de seus copistas e tradutores, que, inclusive, deixaram desaparecer os desenhos elucidativos de toda a sua argumentação estética, como dissemos. Aos leigos, depois dele, sobrou a impressão de que uma obra arquitetônica é sempre e unicamente uma obra onde interessa a beleza aparente, não interessando como foi feita.

---

[7] Ibid., p. 54-65.

Quase quinhentos anos depois de seus escritos, Santo Agostinho (354-430) ainda via na "unidade na variedade" o segredo da arquitetura, dizendo que a "similitude", a igualdade e a conveniência das partes do edifício reduzem tudo a uma espécie de unidade que contenta a razão".[8]

A presença de Vitrúvio ainda é constatada nos escritos de Isidoro de Sevilha (c. 560-636), que já vê imprescindível na arquitetura a ornamentação. Ele distingue três partes na construção: o traçado da planta e respectiva disposição dos fundamentos, a elevação dos muros e a ornamentação, quando trata do revestimento dos tetos com placas douradas, das paredes com pinturas e dos pisos com mosaicos. Insiste na decoração, com gesso ou estuque, realçada com cores, expressando formas e figuras diversas: é o que chama de elemento plástico na arquitetura.[9]

Entrados os anos na Idade Média, vemos os pensadores sempre preocupados com a decoração magnificente, enquanto a produção arquitetônica ficava nas mãos de profissionais extremamente ciocos de seus conhecimentos interdisciplinares, mantidos nos segredos das corporações, confundindo-se a figura do arquiteto com a do mestre do risco, com a do mestre-de-obras. Em 1258, Etienne Boileau dizia: "Aquele que quiser poderá ser um mestre-de-obras, mas não poderá ter mais que um aprendiz e não poderá mantê-lo por menos de seis anos de serviço, a não ser que seja seu filho legítimo; quando o primeiro tiver trabalhado cinco anos, poderá tomar um segundo apren-

---

[8] Ibid., p.4-5.
[9] Livro XIX das Etimologias, citado por BRUYNE, *Estudios de estética medieval,* v.1, p. 102.

diz. Eles poderão ter tantos ajudantes ou empregados quantos quiserem, com a condição de não lhes ensinar seu ofício. Quando o tempo do aprendiz tiver terminado, o mestre-de--obras o levará diante do guarda do ofício e este fará o aprendiz jurar de guardar os usos e costumes do ofício".[10]

Tais homens, responsáveis pela arquitetura gótica, no entanto, possuíam suas justificativas para a rica ornamentação sempre criticada e tiveram em Suger, o Abade de Saint-Denis (c. 1081-1151), o seu intérprete, que disse: "Se reconstruirmos a Abadia de Saint-Denis e aumentamos seu tesouro, se fizemos vir de todas as partes os melhores pintores e artistas e os fizemos trabalhar com talento (*honeste*), utilizando o ouro e as pedras mais preciosas, não foi por desejo de vanglória, nem pela esperança dos elogios humanos ou de uma recompensa passageira. Foi por um ato de religião (*devote*) e por amor à beleza da casa de Deus. Essa beleza deve, por outro lado, dar aos fiéis um gosto antecipado da beleza do céu". O abade ainda fez gravar seus pensamentos estéticos, aliás pensamentos de todos, sobre as portas de bronze da entrada da basílica. Os que entravam no templo liam: "Não admireis tanto o material caro e precioso destas portas, mas a beleza do trabalho que apresentam; a obra brilha cheia de nobreza. Mas, certamente, toda obra nobre por sua beleza ilumina as almas, a fim de que por seus verdadeiros esplendores ascendam à verdadeira luz da qual Cristo é a porta. Tudo aquilo que resplandece aqui dentro pressagia a porta dourada: assim, por meio da beleza sensível, a alma agravada se

---

[10] PI LLI ON, L. L *Maítres d'oeuvre et tailleurs de piere des cathédrales*, p. 72.

eleva à verdadeira beleza e, da terra onde jazia submersa, ressuscita ao céu, vendo a luz destes esplendores."[11] Sobre o vitral das catedrais góticas, dizia o abade: "o vitral tem três propriedades básicas – suporte de imagens sacras, material de riqueza intrínseca, assemelhando-se és pedras preciosas, e um mistério, pois fulgura sem que haja fogo".[12]

Assim, a arquitetura gótica, desenvolvida para a glória de Deus, foi uma verdadeira integração entre a ciência e as artes, pois a estereotomia chegou é perfeição, simbolizando ela, com seus engenhosíssimos cortes de pedras, todo o conhecimento aplicado à estabilidade de gigantescas construções, que exigiam conhecimentos interdisciplinares, que iam desde a mecânica dos solos e grafoestática até conhecimentos empíricos, é verdade, mas corretos, de resistência dos materiais. Cada corte na pedra tinha a sua razão de ser, cada pedra com a sua função determinada, embora, às vezes, estivesse sugerindo aos leigos ser mera peça gratuita da ornamentação profusa. Ali tudo era verdade porque também a decoração era funcional, no sentido prático de propiciar a elevação das almas dos crentes perfeitamente condicionados à fé.

Dizem que o cristianismo da Idade Média provocou uma espécie de "trevas" por meio do misticismo religioso, quando houve uma longa hibernação da cultura clássica. Pode ser, mas foi nesse tempo que se desenvolveu uma arquitetura realmente ímpar e esse fato nos interessa muito porque encerra um processo de criação artística totalmente baseado num sistema construtivo e nunca mais aproveitado, mesmo quando houve o Renascimento.

---

[11] BRUYNE, *Estudios de estética medieval*, v. 2, p. 51-4.
[12] BRANNER, R. *Gothic architeture*, p. 21.

O domo de Colonia: uma das maiores catedrais góticas da Alemanha.

O Renascimento, aparecido na Itália, país que bem ou mal guardara os vestígios da cultura clássica, fez ressurgir a estética de Vitrúvio e todas as demais lições de seus "Dez livros de arquitetura". Houve um despertar geral, envolvendo todos os ramos do conhecimento, inclusive a tecnologia da construção. Ressurgiu um novo fazer, diretamente derivado das alvenarias romanas tradicionais e contido pelas leis clássicas de composição. Vitrúvio voltou pelas palavras de Leon Battista Alberti (1404-1472), o teórico do Renascimento. As velhas regras de composição sempre às voltas com sua variedade de colunas, seus intercolúnios e relações entre diâmetros de tambores e alturas dos vãos livres foram adaptadas a uma nova arquitetura, estruturadas nos muros contínuos. Sim, uma arquitetura nova regida pelos antigos. Velhas determinações orientando as relações entre cheios e vazios das novas construções e, na verdade, "ornamentando" também frontispícios onde a modinatura obedecia cegamente aos cânones da boa composição. Obras imensas e arrojadas, em que os arquitetos ainda eram os responsáveis pelas soluções estruturais, prontas para receber a *posteriori* a ornamentação clássica, tanto interna como externamente, onde as cimalhas, molduras e pilastras não passavam de acessórios decorativos dos paramentos de pedra ou de tijolos.

Depois do Renascimento veio o Maneirismo, que foi sucedido pelo Barroco, que veio a dar lugar ao Neoclássico e, por meio dos teóricos e tratadistas, o linguajar, o vocabulário clássico, perdurou por meio de outras sintaxes, de outras maneiras de compor espaços.

O Neoclássico e a Revolução Industrial coincidiram no tempo e esta última, como sabemos, foi provocando sucessivamente alterações básicas no modo de vida, no modo de encarar os acontecimentos sociais (não nos espaçamos também da outra Revolução, a francesa) e no modo de julgar a arte, agora ao alcance de um número crescente de pessoas. O que era antes restrito aos intelectuais e ricos, era agora de domínio público e popularizou-se a noção de estilo. É claro que para os profissionais eruditos os estilos arquitetônicos variados sempre estavam compromissados já com o próprio sistema estrutural,

O domo de Florença: exemplo de arquitetura renascentista.

mas aos leigos o estilo era só a ornamentação. Todo o progresso advindo dessa época em diante naturalmente se refletiu nas construções, cuja modernização começou pelas pontes, principalmente na Inglaterra, e pelas construções vinculadas a novos programas jamais suspeitados pelos velhos arquitetos, como os programas referentes às estradas de ferro, por exemplo. De que "estilo" seriam as gares de embarque e desembarque de passageiros? Já de início houve a tentativa de se decorar, de se ornamentar os perfis pré-moldados das estruturas metálicas com o escopo de lhes dar a dignidade da arquitetura ortodoxa.

A partir dessa época é que se definiu completamente a separação entre o arquiteto e o engenheiro, a que já nos referimos linhas atrás, e desse tempo em diante, também, é curioso o desfile de definições de arquitetura, principalmente as de intelectuais que tiveram a possibilidade de ampla divulgação de suas ideias, incutindo nos leitores visões românticas, onde estão, amiúde, comparações com a música. Goethe (1749-1832), por exemplo, dizia que "arquitetura é música petrificada",[13] enquanto Schelling (1775-1854) não deixava por menos, proclamando que a "arquitetura é a forma artística inorgânica da música plástica".[14] De qualquer forma, a demanda popular estava condicionada à orquestração dos ornatos dispostos ao longo dos paramentos frios de tijolos, o que não impediu logicamente que os tratadistas de arquitetura olhassem com atenção a presença da máquina, as conveniências das funções satisfeitas, deixando a decoração num segundo plano.

Na França, país que nos orientou tanto no século XIX, dois pensadores arquitetos expuseram suas teorias, segundo dois enfoques, mas antevendo a teorização da arquitetura moderna.

---

[13] BADRA, M. *Notas à teoria da arquitetura*, p. 11.
[14] BORISSAVLIEVITCH, M. op. cit., p. 13.

Igreja de Madeleine em Paris – estilo neoclássico.

Um deles foi Eugêne Emmanuel Viollet-Le-Duc (1814-1880), o grande esteta de seu tempo, que conseguiu dispensar de seus raciocínios a presença até então obrigatória do fantasma de Vitrúvio. O caráter geral da teoria esteticista de Viollet-Le-Duc foi a objetividade. Todos os teóricos descendentes de. Vitrúvio viam o belo arquitetônico nas relações analíticas, ou aritméticas, expressas pelo módulo. O nosso arquiteto francês, ao contrário, foi buscar a beleza nas relações geométricas e graficamente determinava, ou comprovava, as leis da harmonia que engrandeciam a composição arquitetônica. Sua "teoria do triangulo" foi uma inovação e para ele naquela figura geométrica "estava a chave do mistério".[15]

---

[15] Ver a análise da "teoria do triangulo", de Viollet-Le-Duc, feita por BORISSAVLIEVITCH, em seu livro Les théories architeture, p. 100.

Enquanto Viollet-Le-Duc se dedicava, na sua teoria da arquitetura, aos aspectos meramente estéticos, outro arquiteto francês, Leonce Raymond, no seu "Traité d'architecture", de 1860, já procurava a "verdade" na arquitetura, proferindo uma frase lapidar: "O *bom* é o fundamento do *belo* e as formas de arte devem ser sempre verdadeiras".[16] Nessa ideia é que se apoiou mais tarde o arquiteto teórico Julian Guadet, quando formulou o seu princípio fundamental ligado à veracidade arquitetônica.[17]

Já no final do século XIX e início deste, as definições de arquitetura assumiram modo de olhar diverso, fazendo surgir textualmente outro protagonista no elenco dos elementos significativos: o espaço. Até então, todos ficavam muito presos à construção, às paredes e nelas é que procuravam descobrir a beleza, dando razão a Hegel (1770-1831), que dizia que o problema da arquitetura consiste "em incorporar à matéria uma ideia".[18] Cremos que foi Auguste Perret (1874-1954) o primeiro a dizer que "arquitetura é a arte de organizar o espaço e é pela construção que ela se expressa". E foi mais longe: "móvel ou imóvel, tudo aquilo que ocupa o espaço pertence ao domínio da arquitetura".[19]

Já entrados no século XX, vários arquitetos se manifestaram sobre sua profissão, deixando de lado todo o ranço acadêmico que ainda participava nas escolas oficiais, e passaram a

---

[16] BORRISSAVLIEVITCH, M. op. cit., P. 10.
[17] Ibid., p. 10.
[18] Ibid., p. 132.
[19] PERRET, A., *Contribution* à une théorie de l'architeture, p. *s/n*.

elaborar definições onde sempre estava enfatizada a verdade favorecendo o espaço belo. Vejamos algumas opiniões ilustres:

> *Só a verdade é bela. Em arquitetura a verdade é o produto de cálculos feitos com a finalidade de satisfazer necessidades conhecidas com meios conhecidos.* Tony Garnier (1868-1948).[20]
>
> *Arquitetura é a vontade da época traduzida em espaço.* Ludwig Mies van der Rohe (1886-1969).[21]
>
> *Arquitetura é o esforço de harmonizar o ambiente e o homem, tornando o mundo das coisas uma projeção direta do mundo do espírito.* Antonio Sant'Elia (1888-1916).[22]
>
> *Temos por meta uma arquitetura clara, orgânica, cuja lógica interior seja radiante e nua, não atravancada por revestimentos ou truques mentirosos; queremos uma arquitetura adaptada ao nosso mundo de máquinas, rádios e carros céleres... com a solidez e força crescentes dos novos materiais aço, concreto, vidro – e com a nova audácia da engenharia, o peso dos antigos métodos de construção está cedendo seu lugar a uma nova leveza e seriedade.* Walter Gropius (1883-1969).[23]

---
[20] BAHAM, R. *Teoria e projeto na 1ª era da máquina*, p. 61.
[21] Ibid., p.428.
[22] BADRA, M. op. cit., p. 23.
[23] BANHAM, R. op. cit., p.453.

O arquiteto francês e suíço de nascimento Le Corbusier (1887-1965), cuja obra escrita aliada aos seus projetos executados influenciou enormemente os jovens arquitetos do mundo a partir da década dos anos 20, especialmente os brasileiros, uma vez disse que "arquitetura é o jogo magistral, correto e magnífico de massas reunidas sob a luz". E também lembra da música, não a "música petrificada", mas a música "tempo e espaço, como a arquitetura". "A arquitetura é a síntese das artes maiores.

Edifício de Mies van der Rohe (Alexanderplatz – Berlim).

A arquitetura é forma, volume, cor, acústica, música."[24] Seu discípulo e querido amigo, o arquiteto brasileiro Oscar Niemeyer Soares Filho (1907), há muitos anos, talvez 30, antes de Brasília e de toda a sua reconhecida produção internacional, já dizia:

> A arquitetura no Brasil, ultrapassando o estágio do funcionalismo ortodoxo, acha-se agora à procura de expressões plásticas. A extrema maleabilidade dos atuais métodos de construção, juntamente com nosso amor instintivo pela curva – afinidade real ao barroco dos nossos tempos coloniais – sugerem as formas livres de um novo e surpreendente vocabulário plástico. Criatividade aplicada à solução de problemas espaciais, emerge uma verdadeira arquitetura – uma obra de arte real.[25]

Lúcio Costa (1902), o grande teórico da arquitetura brasileira, cujos textos, principalmente aqueles referentes à nossa arquitetura tradicional, são fundamentais ao entendimento de nosso processo cultural, diz que uma construção

> enquanto satisfaz apenas às exigências técnicas e funcionais – não é ainda arquitetura; quando se perde em intenções meramente decorativas – tudo não passa de cenografia; mas quando – popular ou erudita – aquele que a ideou pára e hesita ante a

---

[24] A primeira definição de arquitetura de LE CORBUSIER está, dentre outros lugares, também em *Teoria e projeto na 1ª da máquina*, de BANHAM, p. 363; as outras definições, respectivamente in *Le modulor*, p.29, e *Ronchamp*, p. 17

[25] PAPADAKI, S. *The works of Oscar Niemeyer* p.5.

simples escolha de um espaçamento de pilar ou de relação entre altura e a largura de um vão e se detém na procura obstinada da justa medida entre cheios e vazios, na fixação dos volumes e subordinação deles a uma lei e se demora atento ao jogo de materiais e seu valor expressivo – quando tudo isso se vai pouco a pouco somando, obedecendo aos mais severos preceitos técnicos e funcionais, mas também àquela intenção superior que seleciona, coordena e orienta em determinado sentido toda essa massa confusa e contraditória de detalhes, transmitindo assim ao conjunto ritmo, expressão, unidade e clareza – o que confere à obra o seu caráter de permanência, isto sim é arquitetura.[26]

Capela de Ronchamp de Le Corbusier.

---

[26] Texto de Lúcio Costa em *Sobre arquitetura*, p. 80.

O PARTIDO ARQUITETÔNICO

Em nossa atuação na Faculdade de Arquitetura e Urbanismo da Universidade de São Paulo, visando mais a uma metodologia de ensino, desdobramos a definição de arquitetura, introduzindo a noção de partido – expressão confusamente aplicada nas argumentações dos profissionais que explicam seus projetos e, com isso, isolamos a questão estética, que permanece no primeiro corpo da demonstração, onde mencionamos a "intenção plástica". Essa intenção, como vimos, às vezes não é premeditada, porém passível de ser detectada mais tarde.

A mencionada definição é a seguinte:

> Arquitetura seria, então, toda e qualquer intervenção no meio ambiente criando novos espaços, quase sempre com determinada intenção plástica,

> para atender a necessidades imediatas ou a expectativas programadas, e caracterizada por aquilo que chamamos de partido. Partido seria uma consequência formal derivada de uma série de condicionantes ou de determinantes; seria o resultado físico da intervenção sugerida. Os principais determinantes, ou condicionadores, do partido seriam:
> A técnica construtiva, segundo os recursos locais, tanto humanos, como materiais, que inclui aquela intenção plástica, às vezes, subordinada aos estilos arquitetônicos.
> O clima.
> As condições físicas e topográficas do sítio onde se intervém.
> O programa das necessidades, segundo os usos, costumes populares ou conveniências do empreendedor.
> As condições financeiras do empreendedor dentro do quadro econômico da sociedade.
> A legislação regulamentadora e/ou as normas sociais e/ou as regras da funcionalidade.[27]

A primeira coisa que devemos notar é que esses determinantes e condicionantes de partido necessariamente mantêm relações entre si e, julgando a questão da definição arquitetônica no tempo e no espaço, veremos que as variadas condições

---

[27] LEMOS, Carlos A.C., *Arquitetura brasileira*.

culturais sempre determinam arquiteturas diferentes, não havendo possibilidades de repetições ou de identidades absolutas. Queira-se ou não, cada povo, em cada região, terá a sua própria arquitetura.

Hoje, fala-se muito na arquitetura internacional – aquela que se repete pelos diversos países, pelas metrópoles em geral – somente possível mediante as facilidades de comunicação e acesso a uma mesma tecnologia. Muitos se esquecem, no entanto, de que há um *mesmo dinheiro* promovendo essas obras.

Porcentualmente, essa arquitetura dita moderna internacional é inexpressiva porque vinculada a grandes investimentos, geralmente multinacionais. A arquitetura dos ricos sempre foi arquitetura de exceção e, quase sempre, de autor. Esses trabalhos, é claro, nos interessam bastante e é a eles que praticamente se referem os tratadistas quando discutem seus problemas estéticos, mas não nos olvidemos de que também não deve ser posta de lado a arquitetura popular, não mais aquela vernácula a que nos referimos, mas a arquitetura proletária das cidades, a arquitetura dos bairros de classe média, onde se copia as lições dos mestres sem ter entendido o significado dos agenciamentos atraentes. Não deve ser desprezada a arquitetura "kitsch", porque ali também houve uma intenção plástica. E a somatória disso tudo que nos interessa. A arquitetura brasileira não é somente a de Oscar Niemeyer ou a de Artigas. Também é a dos bairros periféricos com suas casinhas autoconstruídas, portando nos nichos dos alpendres a imagem da Padroeira. Sim, trata-se de *má* arquitetura, mas quem será o juiz separador do bom, do desprezível? Portanto, não julguemos apressadamente e tratemos da arquitetura em geral, sem maiores pruridos, mormente estéticos.

O sistema construtivo é, talvez, o mais Importante dos determinantes do partido arquitetônico e a seu respeito há muito o que falar, por estar nele implicitada uma soma de dados de interesse cultural e portanto definidores de uma personalidade. Há a questão dos materiais disponíveis no meio ambiente – tanto na natureza como no comércio. Há o problema da tecnologia, dos conhecimentos disponíveis na população. Para melhor ilustrar essa faceta da arquitetura, podemos retomar o caso das construções paulistas do planalto além da Serra do Mar.

Como em qualquer outra região recentemente devassada, houve em São Paulo uma seleção ecológica de materiais de construção, da qual resultaria a escolha de uma técnica construtiva apropriada. No sítio urbano paulistano, uma elevação, verdadeiro promontório de escarpas íngremes, delimitado por várzeas sempre alagadas por dois rios meândricos – o Tamanduateí e outro menor, seu afluente, o Anhangabaú. Elevação de terreno sem pedras aparentes (só duzentos anos depois da fundação da cidade é que foi explorada uma formação de limonito no Morro da Forca) e através dos campos circundantes se via ao longe as matas dos grotões e do Canguassu no horizonte ao sudoeste. Não havendo pedras, também não haveria calcários. Logo no começo, apelou-se à experiência indígena e a primeira igreja foi de palha, como as casas dos índios. Foi o primeiro sincretismo: a planta retangular do templo de uma religião ali desconhecida feita de palha arariguama. A Igreja definitiva seria construída como? Somente de terra. A terra socada dentro dos taipais, da experiência milenar dos árabes foi ocupar a mão de obra mameluca de Piratininga. Foi a única técnica disponível no momento: era o próprio solo que se elevava formando paredes para resguardar os colonos. A madeira necessária aos telhados e às paredes internas divisórias viria das proximidades, já falquejadas na mata, para facilitação do transporte. Disso resultou uma fisionomia própria da cidade.

Primeiramente, definiu-se o traçado urbano. São Paulo talvez seja, com duas ou três outras cidades do vale do Tietê, um dos raros centros urbanos a ter sua planta decorrente do sistema estrutural único de suas construções. Como sabemos, a taipa é altamente erodível e daí a necessidade das casas estarem em terraplenos livres das enxurradas. E daí, também, as ruas planas, traçadas, por conveniência ao longo das curvas de nível. A capital paulista, antigamente, era uma cidade sem ladeiras construídas.

A fisionomia da cidade caipira era inconfundível com suas casas baixas ostentando profundos beirais. Como a terra socada exigia, era grande o predomínio dos cheios sobre os vazios, donde os panos brancos de tabatinga das paredes serem somente aqui e ali perfurados por minúsculas janela e baixas portas. Fisionomia inconfundível, repetimos, que praticamente chegou ao início da metade do século XIX. As fotografias de Militão Azevedo são desse tempo e ainda mostram alguns quarteirões dos velhos tempos, com seus sobrados de janelas encostadas nos frechais, constituindo documentação muito importante.

A taipa bem socada é dura como pedra, mas, além de absorver água com facilidade, também não tem dureza ao risco. Seu revestimento de argamassa protetora compreendia recurso difícil, transformando-se quase num segredo dos paulistas antigos – gente que pagava a peso de ouro a cal dos sambaquis, trazida de Santos em lombo de burro. Daí a inexistência de ornatos em relevo na taipa – a impossibilidade de balanços, de molduras, de cimalhas. A cidade era condenada à simplicidade dos paramentos lisos. Só uma ou outra aplicação de madeira trabalhada nas vergas das janelas, nos cachorros dos beirais da frente. A cidade para se enfeitar teve que ser destruída e refeita de tijolos e isso se deu com os imigrantes trazidos pelo café, que trouxeram também a estrada de ferro.

O trem de ferro dos ingleses ligou São Paulo com o resto do mundo e o dinheiro novo do café comprou uma nova arquitetura, somente possibilitada pelo imigrante, dono de outra técnica construtiva. A taipa impediu que São Paulo pudesse ter usufruído o Neoclássico carioca, gerado pela Missão Francesa – não só a taipa, digamos a verdade, a falta de dinheiro do "burgo de estudantes" também não deixou que conhecêssemos o estilo de Napoleão. O nosso Neoclássico já foi o do Ecletismo, estilo sem controles em São Paulo, mas muito interessante como processo de invenção e reinvenção.

Então, mudada a técnica construtiva, mudou a arquitetura paulistana, sem estágios intermediários ou gradação. Uma cidade foi simplesmente substituída por outra. Agora, os vãos se igualaram aos cheios – belas vidraças lapidadas guarneciam janelas ornamentadas de estuque.

Nova técnica, novos partidos, nova arquitetura serra acima. Houve, também, a terceira cidade, a de concreto armado, mas isso já é outra história.

O que vale ressaltar nesse fato da arquitetura trazida pelo imigrante é o condicionamento da nova linguagem ao meio ambiente. O imigrante português, por exemplo, no Rio de Janeiro encontrou um ambiente já reformulado pela Academia Nacional de Belas-Artes, onde a sombra de Grandjean de Montigny estava sempre a guiar os arquitetos ali formados e que constituíam um corpo de profissionais atuantes e, por isso, sua marca quase que só aparece é nos resultados de uma mão de obra excelente e num ou noutro modo peculiar de se expressar em obras secundárias nos subúrbios. Em São Paulo, ao contrário, os primeiros arquitetos estrangeiros trazidos pelo café não encontraram colegas trabalhando e fizeram o que quiseram. Transplantaram para a cidade que se alterava palacetes e vilas íntegras de variados estilos – mas isso contou pouco no panorama geral. Foi o mestre de obras anônimo italiano que construiu quase tudo. Trouxe sua experiência, seus conhecimentos e novos materiais, que haviam servido de lastro para os navios daqui despachados empanturrados de café – mas não fez uma arquitetura italiana – fez uma nova arquitetura que só poderia ter vingado naquele meio, porque outros determinantes e condicionantes locais agiram. É exatamente por isso que a arquitetura executada pelos mesmos imigrantes italianos em Nova York ou em Chicago não se parece em nada com a paulista ou com a napolitana.

O programa de necessidades é outro fator importante na determinação do partido arquitetônico. Quase tão importante quanto o sistema construtivo. A respeito dele, de início, há de se vislumbrar uma relação fundamental existente entre o uso do edifício e a construção propriamente dita.

Sabemos que o programa de necessidades compõe um rol de determinações e de expectativas que o interessado espera, sejam satisfeitas, almejando que venha a ser o novo edifício capaz, então, de exercer a função a que foi destinado.

Acontece, porém, que são raríssimos os programas imutáveis no tempo, enquanto que a construção, por suas condições físicas, tende a permanecer inalterável. O progresso constante, os novos modos de planejar, as atividades em geral, estão sempre, então, a exigir alterações básicas nos programas dos edifícios.

Vejamos como exemplo, um programa simples e por todos conhecido: as necessidades de uma residência, de uma moradia na roça. Antigamente, continuemos em São Paulo, todas as propriedades agrícolas mantinham em torno de suas sedes uma constelação de pequenas construções, todas destinadas a atividades, de um modo ou outro, relativas à vida doméstica e ao cotidiano da família ali residente. Todos os gêneros alimentícios eram manipulados necessariamente em casa. Havia a casa de farinha, o monjolo para a cangica, o moinho para o fubá, as baterias de pilões para os cereais em geral, havia a moenda para a cana que fornecia a garapa, o melado e o açúcar mascavo doméstico. Derretia-se o toicinho para a gordura dos pratos cozidos. Havia a horta, os canteiros de cheiros, os galinheiros. Os telheiros para os tachos de doces. Das cinzas fazia-se o sabão para a lavagem das roupas e para o próprio banho. Do sebo do gado morto ali mesmo, cujas carnes eram salgadas ao sol, faziam-se velas, quando não havia cera das abelhas criadas em cabaças penduradas nos beirais. Havia a maceração das sementes de "carrapixo", a nossa mamona de hoje, para obtenção do azeite para as candeias de luz bruxuleante. Havia as latrinas em cima dos chiqueiros. Teciam-se os panos de algodão beneficiado ali mesmo. Faziam-se queijos e linguiças. Nos almofarizes de bronze preparavam-se os unguentos da medicina caseira. E havia a hospitalidade obrigatória, devido às longas distâncias, com seus quartos de hóspedes, com as cocheiras e pastos para as cavalgaduras dos viajantes ali estacionados. Tudo isso, fora as instalações dos índios agregados ou administrados, fora as senzalas dos negros tapanhunos. Hoje, o quadro é outro, outras as necessidades.

Hoje, com todo o progresso que conhecemos, a casa é mínima, satisfazendo novos programas em que os serviços domésticos estão minimizados em benefício do lazer domiciliar, antigamente quase que inexistente, se não considerarmos as longas rezas e ladainhas à beira dos oratórios como passatempo de todos. Antigamente, moradia era onde se fazia a própria comida – daí a designação de *lar*, palavra que dá nome à pedra do fogão rústico. Hoje, moradia é onde se dorme, depois da sessão de televisão. Tudo mudou e as construções acompanharam essa alteração paulatina ao longo do tempo. As velhas moradias foram se acomodando foram ora ganhando puxados, ora foram recebendo instalações sanitárias em cubículos adaptados, foram perdendo seus fogões de lenha e trocando lampiões por lâmpadas elétricas. As sucessivas adaptações foram aos poucos tornando as velhas estruturas realmente inaproveitáveis, principalmente pelo excesso de área disponível para novos programas visivelmente encolhidos via facilidades do progresso surgido em prol do conforto doméstico. O destino dos velhos casarões urbanos foi o dos cortiços, das pensões, das repúblicas de estudantes, de repartições públicas até chegar o inexorável dia da demolição para dar lugar ao prédio de apartamentos.

Demos o exemplo da evolução, ou involução, como queiram, do programa da habitação para a melhor compreensão do leitor leigo, que poderá ver como todos esses problemas seriam transpostos às outras edificações. Poderá ele perceber quão complexo deve ser o programa de um hospital moderno e como ele pode estar refletido no partido do edifício e que habilidade deverão ter os técnicos coordenados pelo arquiteto para permitir sejam satisfeitas as exigências da técnica hospitalar, cuja evolução não para um dia sequer, pedindo sempre agenciamentos novos para novas terapias e recentes invenções. O edifício há de ser maleável, permitindo planta livre. Mas sempre há um limite para as adaptações sucessivas e daí a necessária previsão de terrenos para ampliações, quase sempre descaracterizadoras da unidade arquitetônica, se desde o início não estiver prevista alguma solução modular previsora de crescimento planejado.

Dos programas de necessidades, aquele que menos se alterou pelo tempo afora foi o das igrejas católicas – o cerimonial da Santa Missa, o culto às imagens nos seus altares pouco se modificaram com o passar dos anos. Por isso, foram as igrejas os edifícios que puderam ter garantida a sua integridade. Em qualquer cidade em processo de metropolização sempre restam somente as igrejas como testemunhos do passado.

Desses exemplos, resulta a regra: o edifício será conservado enquanto o programa estiver sendo satisfeito, donde se

O que é arquitetura

conclui que a conservação de bens culturais está sempre condicionada, nos processos de revitalização de monumentos, à adequação do uso ao espaço disponível. Vemos, portanto, que não é fácil a previsão de um programa que venha a ser útil à sociedade para um edifício antigo e disponível depois de ter sido declarado monumento. A antiga Casa do Trem, de Santos, por exemplo, primitivamente espécie de almoxarifado da artilharia da costa, de todo o "trem de guerra" do tempo de colônia, hoje obviamente não pode estar a satisfazer o mesmo programa do tempo de Morgado de Mateus. Mas, por isso, irá permanecer vazia, quando sabemos que a falta de uso fatalmente depaupera o bem cultural? Pelo visto, a determinação a *posteriori* de um programa para um prédio antigo também é um problema de arquitetura, porque encerra questões de bom senso e de bom gosto nos inevitáveis recursos de adaptação e somente espíritos esclarecidos é que saberão respeitar a integridade formal do bem preservado. Somente um arquiteto que entenda o pensamento do seu colega do passado é que poderá intervir com o respeito e a ética que todos esperam nessas chamadas "revitalizações" de edifícios preservados, onde, sem dúvida, está implicitado um processo de recriação. Daí, outra constatação: é impossível um completo retorno às condições primitivas do edifício restaurado – aquela recriação lhe dará vida nova dentro da feição antiga.

O clima é outro condicionador importante do partido arquitetônico, que sempre dirigiu com firmeza as soluções vernáculas, estando hoje meio esquecido mercê das aparentes vantagens da tecnologia contemporânea, que mascara o entendimento correto da questão, como veremos.

Vejam como é prodigiosa a arquitetura vernácula dos esquimós; no mais rigoroso clima da terra, e com o mínimo de escolha de materiais de construção, só há o gelo disponível, se consegue um abrigo correto. A concavidade da abóbada de gelo do iglu, em cujo centro fica colocada a pequena lamparina de óleo de foca, irradia e reflete o calor e a luz à família recolhida, oferecendo o ideal de conforto ambiental. Com o mínimo de recursos, o máximo de comodidade. Essa lição está presente em todas as chamadas arquiteturas primitivas, nos mais variados climas, nos mais variados ambientes.

O clima leva os partidos dessa arquitetura sem arquitetos a formas onde são logicamente explicados os fenômenos físicos ligados às correções e seleções das interferências climáticas. Sempre as temperaturas relativas, por exemplo, aquelas que nos dão a sensação de calor ou frio devido às relações de grau de umidade com a temperatura do ar, são corrigidas a partir de soluções construtivas onde as estruturas e os materiais empregados foram selecionados empiricamente por meio da experiência milenar de gerações e gerações.

É muito interessante um pequeno ensaio do arquiteto americano James Marston Fitch a respeito do clima e da arquitetura a ele adequada.[28] Suas pertinentes observações nos explicam o porquê dos agenciamentos primitivos. A partir dar

---

[28] O professor americano da Universidade de Columbia, arquiteto James Marston Fitch, escreveu vários artigos a respeito da problemática do clima incidindo sobre o partido arquitetônico, especialmente na arquitetura vernácula. Mas foi no seu livro *American building: the environmental forces that shap it* que sistematizou um lúcido critério de abordagem do tema ao analisar a arquitetura americana em geral. 2nd editions, vol. 2, Schochen Books, New York, 1975.

passamos a entender melhor as casas da Bacia Amazônica, do deserto, das serras frias, das planícies de muito vento.

Paredes baixas, mais de seleção que de separação, alpendres, pérgulas, beirais profundos, varandas gradeadas, pátios internos, paredes azulejadas, rótulas, treliças, muxarabis, urupemas, telhas de capa e canal, tetos de palha trançada, elementos vazados, toldos de pano grosso e mais uma grande lista de recursos nos mostram como os variados povos adequaram seus abrigos, suas casas, aos rigores do tempo. Recursos às vezes ostensivos e flagrantes na composição arquitetônica, outras vezes escondidos e não percebidos e em muitas ocasiões executados sem que se saiba o porquê de sua existência.

No Brasil, as múltiplas condições de clima exigiram dos colonizadores providências de seleção de partidos e de técnicas construtivas onde sempre fica demonstrado o bom senso, e aqui entre nós foram empregados recursos não só ibéricos como também árabes, norte-africanos, como também indianos, como se supõe. A arquitetura que Vasco da Gama viu na Índia nunca foi analisada por nossos estudiosos e não sabemos até onde as características formais do "bangalô", e moradas do povo ali encontrado, contribuíram na definição da casa rural brasileira, especialmente a nordestina, caracterizada pelos alpendres circundantes.

O alpendre doméstico não é português, entenda-se bem, o alpendre verdadeiro, isto é, o telhado executado fora da projeção das paredes externas da construção. Em Portugal, sempre houve, notadamente no norte, espaços reentrantes na fachada, que funcionam como se fossem alpendres ortodoxos, mas que não passam de verdadeiras salas destituídas de suas paredes externas. Essa foi a solução empregada na casa colonial paulista, dita "bandeirista", solução inteligente, porque as paredes dos demais cômodos continuavam a receber e a armazenar a energia radiante da luz solar e esse acúmulo de calor pela taipa era extremamente interessante na região de dias quentes e de noites frias, tornando confortável o sono de todos. Por aí vemos que o partido arquitetônico da casa do bandeirante não foi escolhido arbitrariamente ou a esmo – essas vantagens agora mencionadas aliaram-se à mais imediata técnica construtiva, a taipa de pilão dos muros contínuos a receber o sol esquivo do planalto.

Tudo indica que o alpendre sombreador de todas as paredes da casa, tornando-a fresca também durante as noites quentes, seja uma lição importada do Oriente, junto com a louça de Macau, com as especiarias, com as caramboleiras e mangueiras frondosas. Há quem diga que o alpendre da casa grande nordestina derive da galilé ou dos alpendres das capelas rurais da Península Ibérica, notadamente as portuguesas, mas essa tese a nós é inconsistente, como também é indefensável a ideia de que as ermidas alpendradas brasileiras tenham aquela cobertura fronteira por influência das casas grandes.[29]

Essa polêmica, no entanto, vem nos mostrar um exemplo de persistência cultural arraigada nos usos e costumes dos povos, que vem a se tornar um determinante do partido. E a

---

[29] LEMOS, Carlos A.C. *Notas sobre arquitetura tradicional paulista*.

história dessa persistência remonta aos tempos primeiros do cristianismo e trata, também, da problemática de novo programa a ser vivido em edifício velho. Como todos sabemos, com a liberdade de culto cristão em Roma, as cerimônias religiosas passaram a ser exercidas nos edifícios das basílicas – construções laicas romanas que se adaptaram perfeitamente ao programa da nova igreja. As basílicas possuíam um pórtico abrigado, que veio a ser chamado de galilé, e nos primeiros tempos ali ficava o batistério, pois somente os batizados podiam frequentar o interior da nave. Daí, mais tarde, os batistérios renascentistas se tornarem construções importantes, apartadas das igrejas propriamente ditas. Pois bem, essa galilé transformou-se ao longo do tempo no alpendre da capela rural ibérica, dando ao pequeno edifício uma característica formal peculiar, sem que os leigos hoje atinem com sua origem erudita e remota.

Capela alpendrada rural do Sítio de Santo Antonio.

Outro exemplo de determinante de partido é a postura legal delimitando e controlando as edificações, mormente as urbanas. Toda legislação pertinente ao uso do solo nos perímetros da cidade, de um modo ou outro, influencia o partido arquitetônico, às vezes de maneira marcante. As primeiras leis a respeito surgiram com o fim evidente de uniformizar, dentro de regras estéticas da época, as construções de ruas que propiciassem perspectivas e visuais importantes, de modo especial aquelas ligadas a edifícios focais no contexto urbano, como igrejas, casas de Câmara e Cadeia etc., notadamente a partir do Renascimento e enfatizados pelos tratadistas do Maneirismo. No Brasil, são inúmeros os exemplos dessas leis ou determinações de alinhamentos bem cordeados e de gabaritos uniformes dos frontispícios, onde as envazaduras eram ritmadas dentro de um equilíbrio sujeito às leis ditadas pela técnica construtiva, dona das relações entre os cheios e os vazios. Em cidades de várias épocas, como Salvador, Ouro Preto ou São Luís do Paraitinga, até hoje podemos observar as sucessões de sobrados, amparados uns nos outros, onde está patente a providência estética da regularização das alturas das construções nos alinhamentos, alturas, inclusive, das vergas de portas ou janelas, todas nos mesmos níveis, até nas ruas íngremes. Daí, às vezes, portas altíssimas, com enormes bandeiras fixas.

Mas foram as condições de higiene da habitação principalmente e dos edifícios em geral que provocaram leis e códigos incidindo diretamente na composição arquitetônica. Antigamente, por exemplo, parcos recursos técnicos aconselhavam telhados de dois panos devido à simplicidade de suas estruturas e ao fato de não existirem águas furtadas, ou rincões, as inter-

Igreja do Convento de São Francisco (Recife) – Notar a galilé, exemplo de persistência cultural, que vem desde os tempos da adoção da basílica romana como templo católico.

secções reentrantes dos planos determinados pelas telhas, que sempre provocavam o transbordo da água pluvial para o interior. Com essas coberturas tão simples de só "duas águas" de telhados, o miolo das construções, sob as cumeeiras, sempre constituía uma zona escura por estar distante das janelas de frente ou de trás. Era a zona abafada das alcovas. Partido decorrente, portanto, da pobreza de recursos aqui entre nós, porém mal explicado em se tratando da arquitetura portuguesa em Portugal, vizinho da Espanha tão vaidosa de seus pátios internos propiciando ar e luz a todos os cômodos da casa. Talvez estivéssemos à frente de algum tabu mouro, quem sabe.

Aqui entre nós, só com a nova tecnologia dos profissionais de fora, trazidos pela borracha, pela cana e pelo café, no século XIX, é que as então consideradas anti-higiênicas alcovas passaram a ser condenadas, pois agora havia o recurso das calhas internas desviando com segurança a água da chuva. Somente os novos materiais é que vieram permitir as plantas irregulares, com afastamentos laterais, tão distantes daquelas antigas, contidas nos retângulos puros, encimados pelos espigões paralelos aos alinhamentos.

A partir da segunda metade do século passado vemos, então, as leis obrigando à modernização das construções, tendo em vista não só a segurança ou estabilidade, mas também o conforto ambiental decorrente dos agenciamentos ditados pelos novos conceitos de higiene.

Já nos primeiros anos de nossa centúria, especialistas do mundo todo, até reunidos em congressos internacionais, passaram a pedir aos legisladores posturas que racionalizassem a ventilação, a iluminação e a insolação dos ambientes internos. A ação benéfica dos raios ultravioletas da luz solar matutinas, por exemplo, começava a exigir que os dormitórios fossem bastante iluminados pelos raios vindos do nascente. Isso fez com que a Prefeitura de São Paulo tivesse a primazia de promulgar, no início da década dos anos trinta, um código de vanguarda e um dos primeiros a exigir insolação calculada por método científico. Realmente, o Código de Obras Artur Sabóia foi pioneiro numa série de conceitos ligados à higiene da habitação. A partir dele, o seu "diagrama de insolação", impresso em celuloide transparente, passou a ser instrumento indispensável de trabalho nas pranchetas dos arquitetos. Esse diagrama determinava as sombras que as paredes projetavam nos pisos das áreas livres no dia mais curto do ano. Se nesse dia estivesse garantida a osculação solar dos pátios, para o resto do ano, de dias de sombras mais curtas, estaria obtido o desejo dos benefícios do sol. Em São Paulo, sua latitude determina, naquele dia, às doze horas, uma sombra de 1,07 metro de cumprimento, para uma vara vertical de 1,00 metro de altura. Assim, um de seus artigos exigia que toda área livre de insolação devesse ter dimensões tais que nela pudesse ser contida uma reta paralela à linha norte-sul, que fosse de comprimento tal que igualasse a altura média das paredes que olhassem para o sul, multiplicada por 1,07 metro. Dessa providência decorriam áreas de insolação proporcionais às alturas dos edifícios e está visto que de tal lei resultariam pátios descomunais· em se tratando de prédios de muitos andares.

    Aos poucos, ficou revelado que o Código Artur Sabóia

era um inibidor do desenvolvimento vertical da cidade, que entrou uns doze anos depois de sua promulgação em franco processo de metropolização. Era o pós-guerra e o concreto armado passou a comandar a substituição da segunda cidade, a de tijolos. A transformação iniciou-se por meio dos edifícios comerciais. Depois é que veio o surto dos apartamentos. Inicialmente, foram ocupados pelos altos edifícios de moradia os lotes de esquina, com todos os apartamentos de frente, hipótese em que o tal diagrama não era empregado, pois as ruas – quaisquer fossem suas larguras – eram aceitas como boas áreas de insolação. A coisa complicava muito era nos lotes estreitos, nos meios das quadras, e a pressão contra os artigos sobre insolação foi aumentando num crescendo, quando afinal, por volta de 1960, a osculação solar deixou de ser imprescindível e todos os especuladores bateram palmas às novas regras baseadas em fórmulas altamente convenientes.

Durante muitos anos aquele código condicionou as construções a baixas alturas e se não tivesse sido revogado a cidade seria outra, tendo exigido dos poderes públicos outras condições de transporte e de infraestrutura que nunca puderam ser oferecidas satisfatoriamente. Daí o adensamento demográfico da zona "boa" da cidade e a grande dispersão dos bairros periféricos, destituídos de benefícios.

Não nos alonguemos mais exemplificando a respeito dos condicionantes e determinantes do partido arquitetônico. Cremos sejam suficientes ao entendimento da questão esses poucos que arrolamos. Resta-nos ver é como eles devem se comportar naquilo que chamamos de "arquitetura moderna".

ARQUITETURA MODERNA IV

A nosso ver, uma arquitetura somente poderá ser considerada moderna quando a intenção plástica contida no ato de projetar e, também, os condicionantes do partido forem encarados e atendidos dentro dos mais recentes critérios de abordagem, garantindo a contemporaneidade global das soluções finais.

Pelo visto não é fácil isolarmos em nossa produção sistemática de arquitetura obras que realmente mereçam o epíteto de modernas, pois há muita obra que passa por tal, quando a qualificação é imerecida.

Inicialmente, vemos que a chamada intenção plástica pode mascarar a questão, iludindo os menos avisados. E para se entender bem as subtilezas dessa ocorrência há de se lembrar da problemática dos estilos.

O ecletismo, iniciado por meio da disputa em torno da validade da concomitância dos estilos Neoclássico e Neogótico, já no final do século XIX, trouxe à baila uma profusão incrível de estilos que, inclusive, passaram a ser expressos promiscuamente numa mesma obra.

Com isso, deu-se que, na vida prática dos mestres-de--obras, o partido arquitetônico era sempre o mesmo, a partir de uma mesma técnica construtiva, empregando os mesmos materiais e acabamentos e sujeito às mesmas normas e idêntica legislação. Coberta a construção é que se inquiria sobre o estilo. Qual? Dependia do proprietário e do que houvesse disponível no mercado em matéria de ornatos pré-moldados. Vê-se, portanto, que se tratava de mera vestimenta estilística não comprometer de modo algum a técnica construtiva e os programas de necessidades.

O estilo *Art Nouveau* é que velo intervir diretamente no partido – era o estilo novo, a reação à pseudovariedade de opções. O *Art Nouveau* Influía no próprio espaço, com suas paredes sinuosas definindo até vazios entre andares, numa organização que havia gerações a arquitetura não experimentava. Mesmo o *Art Nouveau*, porém, foi incapaz de retirar da letargia e do comodismo construtivo nossas edificações comuns. Logo, o novo estilo esteve é participando, como os demais, do decorativismo reinante às custas da ornamentação aposta.

Foi por esse caminho da intenção plástica pretenciosa que a arquitetura moderna oficialmente veio a nós. Nossas primeiras construções ditas modernas foram executadas nos esti-

Detalhe da Casa Tassel de Victor Horta, estilo art-nouveau.

los de vanguarda em moda, no fim da década de vinte e início da seguinte, o Cubismo e o Art Deco. Nada mais eram que as velhas construções tradicionais, desnudadas de qualquer ornamentação e levantadas dentro da técnica, pluricentenária, da alvenaria de tijolos, acompanhada das coberturas de telhas romanas de capa e canal. Puro fingimento acobertando uma incapacidade, até financeira, de se executar a arquitetura aprendida nos livros, especialmente os de Le Corbusier.

Se oficialmente nossa arquitetura moderna teve início no final dos anos vinte, na prática seu nascimento ocorrera muito antes, na obscuridade de uma modesta estação de estrada de ferro, no interior de São Paulo, em Mairinque, em 1907, quando o arquiteto Victor Dubugras não se ateve só à modernidade estética, amparando-se nas leis do *Art Nouveau*, mas também recorrente ao concreto armado – não ao concreto escondido atrás da alvenaria enfeitada – mas o concreto aparente como protagonista importante da composição arquitetônica onde, pela primeira vez, vimos marquises atirantadas com os cabos de aço à vista, tetos côncavos nervurados, onde as linhas de influência apareciam sem disfarces.

Se a intenção plástica é absolutamente coerente com a estética vigente e se a técnica construtiva é a mais recente possível, mais de meio caminho já está andado em direção à verdadeira arquitetura moderna.

Nossa definição de arquitetura moderna a muitos passa por ser extremamente radical, à vista, inclusive, de nossas condições materiais brasileiras. A mais avançada tecnologia da construção, que a definição está a exigir para que se atinja a

Interior art-nouveau da vila Penteado, antiga FAU.

modernidade estipulada, não está ao alcance de todos e é até mesmo impossível aqui, se atentarmos aos materiais importados sintéticos, para os pré-moldados em módulos, cuja popularização será difícil, devido aos preços altos e consequente falta de estímulo da indústria.

Pelo visto, podemos ter, além da arquitetura plenamente moderna, a arquitetura a meio do caminho, como já dissemos, para não falarmos daquela com boas intenções, mas obstaculizada por entraves de ordem financeira, pela dificuldade de acesso de materiais industrializados as obras distantes, pela incipiente mão de obra etc. Assim, meio constrangidos, somos obrigados a aceitar a ideia de que a arquitetura de modernidade global não é para todos e exequível somente aqui ou ali, nas grandes metrópoles.

Aliás, temos que aceitar a ideia de que não existe a obrigatoriedade ética de se exigir a plena arquitetura moderna em nosso meio pobre e carente de recursos. Se ela não for possível, deve ser evitado o mero formalismo modernoso, apelando-se a humildade que nos leve aos materiais tradicionais, agora usados com olhos voltados ao presente e não ao passado em reinterpretações saudosistas obviamente condenáveis. Esta nossa conclusão, que a muitos pode desgostar, na verdade busca ou tenta buscar coerência no comportamento do grande povo, principalmente da burguesia, que está a comandar a sociedade.

É constrangedora a verificação de que hoje há cumplicidade de quase todos na desatenção aos determinantes ou condicionantes dos partidos, chegando-se comumente a um formalismo condenável. Dá-se ênfase à intenção plástica enquanto se busca o que existe de mais moderno na técnica construtiva, geralmente o concreto armado, mas, no entanto, imaginam-se programas nem sempre compatíveis com a realidade social, principalmente nas habitações, onde nem a realidade fisiológica dos habitantes é observada, por exemplo, prevendo-se no apartamento da alta classe média cinco a seis latrinas para quatro dormitórios principais; não se observam as condições do clima; projetam-se ou imaginam-se hipóteses de conforto ambiental inacessíveis ao poder aquisitivo do empreendedor; põem-se de lado as incomodas determinações legais fazendo-se duas plantas, aquela que vai ser aprovada perante os poderes públicos e a outra a ser erguida no canteiro de obras. Assim, não se obtém uma arquitetura viável.

Antigamente, a arquitetura estruturada por meio da experiência de sucessivas gerações, que buscavam as condições ideais de construir e morar, era igualmente disponível a todas as camadas da sociedade. A casa do rico distinguia-se da do pobre quantitativamente e não qualitativamente como hoje. As casas eram simplesmente maiores ou menores. Na casa do rico evitava-se ao máximo as superposições de função, havia a previsão de um cômodo para cada atividade e o número de dependências empatava com a quantidade de itens dos programas de necessidades. Na casa do pobre, também como hoje, havia a superposição quase que total de funções – praticamente, vivia-se num cômodo só. Mas a taipa era a mesma em qualquer que fosse a obra.

Hoje, busca-se insistentemente a diferenciação qualitativa, o personalismo identificador ou a ostentação vaidosa de soluções imaginativas. E aquela cumplicidade aludida engloba muitas vezes os arquitetos menos experientes, o que faz pena.

Hoje, nas grandes cidades, todos moram mal, à míngua de soluções lógicas, baratas e acessíveis. Não falemos dos barracos de favelas ou dos cubículos de telha vã das casas autoconstruídas da periferia, mas lembremo-nos dos palacetes e casas pretenciosas, inspiradas nas mansões dos ricos. Ricos sempre moram em mansões, como dizem os noticiários dos jornais, e essa expressão identifica bem ao povo o plano de comodidade ali usufruído: a ausência de superposições e o máximo de conforto.

Na casa cara do homem de posses pode estar concentrada toda a tecnologia posta a serviço do bem-estar, o ar condicionado, o nível de aclaramento correto e o isolamento acústico obtido por meio de sofisticadas esquadrias de vidro duplo fumê. Na cozinha, fornos de microondas, fornos elétricos, fogões de muitas bocas, máquinas de lavar tudo e mais uma infinidade de aparelhos de beneficiar, enfim, gelar ou congelar a comida farta, sempre estocada à abastança. E quanto mais aparelhos facilitadores da vida, maior a criadagem. E maior, também, a possibilidade de se fazer uma perfeita arquitetura moderna e para isso não faltam arquitetos de real capacidade.

Casa pobre em desenho de Debret: exemplo de superposição de funções.

Na casa burguesa de classe média busca-se a identidade formal com a casa rica, ficando-se nas aparências e vivendo-se sem conforto nas salas frias. Ficaram esquecidas as lições práticas dos antigos e é difícil de se aceitar a ideia de que um pescador humilde do nordeste more no seu mucambo de palha em melhores condições de conforto ambiental que um operário qualificado ou profissional liberal de uma grande metrópole.

Enquanto a população em geral faz por conta própria má arquitetura, é nas construções das indústrias poderosas, nos edifícios das companhias de alto gabarito financeiro e nas construções oficiais que vamos encontrar as possibilidades de apreciar as últimas manifestações da verdadeira arquitetura moderna, onde distinguimos as duas correntes já insinuadas neste texto: a linha que busca a beleza plástica, pondo a serviço dela todas as disponibilidades à mão, mesmo com o sacrifício ou libertação dos condicionantes do partido, e a corrente que, ao contrário, vai buscar a sua definição plástica é na satisfação integral, por meio do mais moderno que exista, das exigências programáticas e das condições que incidam sobre o empreendimento.

Na primeira corrente pontifica Oscar Niemeyer. Desde as obras de Pampulha vemos no trabalho do grande arquiteto a intenção deliberada de romper as regras que norteavam as construções, em benefício de uma melhor expressão plástica. Fez o concreto armado abandonar a rigidez estática de velhas organizações tectônicas, onde lajes e vigas retilíneas se cruzavam em ângulos retos, e desobedeceu aqui e ali as normas técnicas altamente precavidas em seus estádios de cálculo. Fez alterações nos programas de necessidades de edifícios tradicionais, como fez na linda igrejinha de São Francisco, cujo espaço abobadado e agenciamento de dependências a todos espantou, levando o clero conservador a não aceitar a construção como boa para o culto. A justa liberação do templo ocorreu anos depois. Fez surgir programas inesperados para o casino e, principalmente, para o pequeno centro de lazer chamado Casa de Baile. A técnica empregada nas instalações foi a mais moderna possível, tudo em direção a uma nova expressão plástica, que só a maleabilidade do concreto armado possibilitava. A vida profissional de Niemeyer foi uma permanente ascensão em direção à total liberdade de expressão plástica, até chegar a Brasília e a toda sua produção internacional.

Em Brasília, Oscar Niemeyer se libertou de vez e fez o que quis, aproveitando a oportunidade única. Lá, os cálculos de concreto armado, sob a responsabilidade de Joaquim Cardoso, atingiram o limite máximo das possibilidades de afastamento de ortodoxia das normas, o que estavam sempre a exigir as soluções plásticas ditadas pela poesia do arquiteto, sempre desejoso de se exprimir por meio de formas de leveza inesperada, que dão a impressão de mal se apoiarem no chão. Não fosse Cardoso um outro poeta, mas agora poeta no sentido verdadeiro da palavra, um grande poeta a antever a magnificência daquelas verdadeiras esculturas utilitárias pousadas no serrado do planalto ermo, não teríamos tido Brasília que tanto nos emociona.

Em Brasília, a arquitetura de Oscar Niemeyer repetimos, nasceu só de sua intenção plástica possibilitada pelo concreto. O resto dos condicionantes ou determinantes praticamente não existiu, ou melhor, não atuou nas definições dos partidos adotados. Vejamos: os programas, altamente elásticos e, na verdade, elaborados segundo as conveniências do projeto ou a imaginação

Igreja de São Francisco – Belo Horizonte (Oscar Niemeyer).

fértil e correta do arquiteto; o clima, perfeito, de ar seco e de céu sempre azul; a topografia e condições de solo, ótimas no planalto de longínquos horizontes; recursos financeiros sem limites, nunca obstaculizando orçamentos; total ausência de leis ou códigos cerceando a imaginação criadora – as leis de uso do solo foram feitas *a posteriori* – e, finalmente, a total submissão do empreendedor, no caso, o governo, às vontades dos arquitetos Lúcio Costa, o urbanizador e Niemeyer, o corporificador da ideia.

É claro que a oportunidade de Brasília não surge sempre e sua raridade foi plenamente aproveitada por aqueles citados profissionais, que nos deram o ensejo de possuir uma cidade moderna perfeitamente coerente com o seu tempo e com a política governamental, que também via na indústria automobilística outro fator de integração nacional e de desenvolvimento econômico. Brasília, antes de ser uma verdadeira obra de arte no deserto, é, também, um documento a explicar muita coisa.

A segunda corrente arquitetônica oposta a essa que parte necessariamente da intenção plástica é aquela que, ao contrário, valoriza prioritariamente as condições programáticas, o que constitui uma espécie de formalismo às avessas, porque o partido vai decorrer de uma série de providências de cuja conjuminação, até certo ponto, não se pode fazer previsões de ordem estética.

Perguntamos, por exemplo, se houve intenção plástica nos projetos das refinarias de petróleo que existem por aí, além da intenção racionalista que distribui logicamente as várias etapas do processamento do óleo, segundo as conveniências do acesso, da distribuição, da produção, da segurança etc. O resultado final que ostenta aquele cenário inconfundível, onde os canos e tubos de cores variadas se entrelaçam a passarelas, cabos e perfis metálicos, ao lado de depósitos cilíndricos e esféricos, para muitos é belo, especialmente aos engenheiros especialistas. Não houve a procura apriorística da forma bela; a beleza chegou como consequência. Vejam bem: não quisemos dizer, por exemplo, que Oscar Niemeyer imaginou inicialmente a forma, ou o volume, do Palácio da

Alvorada, para depois meter dentro toda uma programação lógica de uma moradia presidencial. Ali, a intenção de se fazer uma obra de arte desde o primeiro segundo do ato de criação esteve a guiar a definição do partido, somente sujeito às limitações do concreto armado que, por isso, assumiu aspectos inéditos. As colunas do Palácio da Alvorada não são colunas quaisquer. Estão muito longe dos "pilotis" do nunca esquecido mestre Le Corbusier. São colunas que nasceram de uma vontade deliberada de se criar uma forma, de se definir uma obra de arte ímpar para uma cidade ímpar. Uma obra totalmente liberta das injunções.

No projeto de uma refinaria de petróleo, ao contrário, não se cogita de problemas estéticos *a priori*, se um dia eles vierem, por hipótese, a surgir na mente de seus programadores. Alguém, no entanto, mais tarde, entre silvos de apitos, de nuvens de vapores e labaredas de queimadores, poderá se extasiar ante a sinfonia de tubos retorcidos. Se extasiará como todos se enlevam, também, apreciando toda a parafernália de um foguete interplanetário em Cabo Canaveral.

Palácio da Alvorada – Brasília.

Quando citamos a refinaria de petróleo, fomos buscar um exemplo extremo de uma organização espacial eminentemente racionalizada, tendo em vista uma determinada produção, onde toda a aparelhagem tem que estar ali à vista, obviamente para melhor controle e garantia de bom desempenho.

Seria hoje um contra-senso o envolvimento de todo aquele aparato tecnicista por um edifício unicamente projetado para dar "dignidade" ou "adequação" arquitetônica ao empreendimento processador de petróleo. Essa ideia absurda, no entanto, tempos atrás, teve seus seguidores, como já sugerimos. Certamente, nos dias que correm, por exemplo, o velho edifício das retortas da companhia produtora de gás tirado do carvão de pedra, em São Paulo, não seria projetado e executado com as feições que agora contemplamos, tão bem composto em sua alvenaria de tijolos à vista, com seu telhado, com suas janelas, tudo tentando dar a fisionomia típica de um edifício industrial qualquer do final do século XIX. Naquele tempo, se levava muito a sério essa questão do "caráter" dos edifícios. Uma fábrica era uma fábrica, um teatro, um teatro, que devia ser reconhecido como tal a distancia. Aí, o partido necessariamente informava ao observador a característica do programa satisfeito.

A Ópera de Paris, por exemplo, reflete toda a atenção de Garnier no desejo de harmonizar, pelo menos externamente, as exigências tecnicista do programa com a unidade plástica preconcebida no estilo eclético grandiloquente. O seu partido arquitetônico, julgado modelar, passou a ser o símbolo universal de um teatro de ópera, sendo copiado sistematicamente. Estabeleceu um caráter inconfundível.

Na grande área cênica dos bastidores da Ópera, no entanto, com seus enormes pés direitos e complicadíssimo urdimento, ficavam à vista de todos, como que numa intimidade incontornável e incômoda, todas as instalações técnicas necessárias ao êxito do espetáculo. Era o desnudamento inevitável. Nas acomodações do público embevecido, por sua vez, as instalações referentes à iluminação, abastecimento de água, ventilação etc., eram zelosamente escondidas atrás de ornamentação profusa.

Somente há pouco tempo é que tem havido uma reação a esse vezo escamoteador de tubulações, de fios, de cabos, de aparelhos. Timidamente, os interiores dos edifícios, primeiramente os industriais, os hospitalares e os laboratórios, passaram a mostrar instalações de serviço aparentes. A desculpa imediata foi a fácil manutenção, a fácil reposição de peças, sem que fosse preciso a quebra de paredes e estragos na pintura. Depois, se tomou partido dessa intromissão, para muitos poluição, nos espaços abrigados, compondo-se com os variados elementos das instalações verdadeiras harmonizações de bom gosto, subvertendo toda a tradição da arquitetura de interiores.

Desse procedimento foi fácil chegar-se a outro, aquele que, de início, não tenta partir da conciliação de uma intenção plástica prevalente com os condicionantes e determinantes do partido. Parte claramente do atendimento da funcionalidade, apelando-se aos recursos os mais modernos da tecnologia contemporânea. E toda a aparelhagem necessária estará à vista, não mais discretamente nos interiores de algumas salas ou corredores, mas agora, pelo lado de fora, numa proteção envolvente dos espaços úteis internos.

A última consequência desse revisionamento é o centro cultural parisiense Georges Pompidou, edifício realmente inconcebível há uns dez ou vinte anos atrás. E um belo edifício e, no entanto, está com seus intestinos à mostra, numa provocação insólita, a demonstrar que a arte também é acessível por meio das providências ligadas ao funcionamento correto do edifício. A beleza simplesmente resultou.[30]

Está visto que entre os dois extremos das duas correntes acima expostas existem as mil gradações de sempre, a guiar os passos dos arquitetos modernos. E aqui voltamos à nossa definição inicial: todos tentam providenciar construções belas, mas os caminhos dessa providência é que não são iguais para todos.

---

[30] Projeto de Renzo Piano e Richard Rogers – 1971. Dentre as várias publicações sobre o Cantre Georges Pompidou, veja-se o n 189 da revista *L'architeture d'aujourd'hui,* de fevereiro, de 1977.)

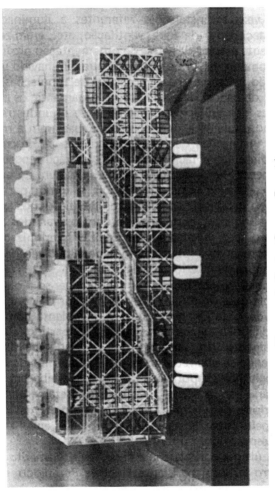

Maquete do Centro Georges Pompidou.

BIBLIOGRAFIA

Amaral, Aracy. *A hispanidade em São Paulo*: da casa rural à Capela de Santo Antonio. Barroco, Belo Horizonte (7): 21-70, 1975.

Brada, Miguel. *Notas à teoria da arquitetura*. São Paulo: Anhembi, 1959, p. 220.

Banham, Reyner. *Teoria e projeto na 1º era da máquina*. Trad. de A.N. Goldberger Coelho. São Paulo: Perspectiva, 1975. p. 519.

Barthes, Roland et Martin, André. *La Tour Eiffel*. Berne: Delpire, 1964.

Borissavlievitch, Milontine. *Les théories de l'architecture*. Paris: Payot, 1951, p. 267.

Branner. Robert. *Gotchic architecture*. New York: Braziller, 1971. p. 125. (The great ages of world architecturel).

Bruyne, Edgard de. *Estudios de estética medieval*. Versión de Armando Suárez. Madrid: Gredos, c1959. 3º vol. (Biblioteca hispanica de filosofia, vol. 17).

Centre Nationale d'Art et de Culture Georges Pompidou. *Architecture d'aujourd'hui* (185): 41-75, fev. 1977.

Corona, Eduardo e Lemos, Carlos A.C. *Dicionário de arquitetura brasileira*. São Paulo, Edart: 1972, p. 472.

Costa, Lúcio. *Sobre arquitetura*. Porto Alegre: CEUA, 1962. p. 359. Fitch, Jarnes M. American building: the environmental forces that shape it. 2nd. ed. New York: Schocken Books, 1975.

Le Corbusier, *Le modulor*. Boulogne: Architeeture d'aujourd'hui, 1950-55. 2º vol. (Collection Ascoral, vol. 4 e 51).

Chapelle de Notre Dame du Haut à Ronchamp. *Crécy-en-Brie*. France: Gruot et Bonne, c1957. p. 117. (Cahiers Forces Vives, nº 8).

Lefèvre, Renée e Lemos, Carlos A.C. *São Paulo, sua arquitetura*: colônia e império. São Paulo: Editora Nacional, 1974, p. 138.

Lemos, Carlos A.C. *Arquitetura brasileira*. São Paulo: Melhoramentos, 1979. p. 158. (Arte e Cultural).

Notas sobre a arquitetura tradicional de São Paulo. São Paulo: FAU/USP, 1969.

Papadaki, Stamo. *The works of Oscar Niemeyer*, With a fore-word by Lúcio Costa. New York: Reinhold, c1950. p. 220.

Perret, Auguste. *Contribution à une théorie de l'architecture*. Paris: Cercle d'Études Architecturales, 1952. p. 60.

Pilion, Louise Lefrançois. *Maîtres d'oeuvre et tailleurs de pierre des cathédrales*. Paris: Laffon, c1949. p. 259.

Rudofsky, Bernard. *Architecture withouth architects*: a short introduction to non-pedigreed architecture. New York: Doubleday, c1964.

Santos, Paulo Ferreira. *Quatro Séculos de arquitetura*. Barra do Piraí: Fundação Educacional Rosemar Pimentel, 1977. p. 136.

Viollet-Le-Duc, N. *Entretiens sur l'architecture*. Ridgewood: N.J., Gregg Press, 1965, 2º vol.

SOBRE O AUTOR

Carlos Alberto Cerqueira Lemos, paulistano nascido em 1925, formou-se arquiteto em 1950, pela Universidade Mackenzie. Desenvolve inúmeras atividades ligadas à arquitetura, às artes plásticas e sobretudo à docência e à pesquisa. Durante os anos 1950, participou da equipe de projeto do Ibirapuera, chefiada por Oscar Niemeyer, tendo dirigido o escritório paulista deste arquiteto carioca. Como artista plástico, participa de exposições desde fins dos anos 1940 (entre outros, os salões do Salão Paulista de Arte Moderna de 1947 e 1948); esteve presente em diversas coletivas como pintor nas décadas de 1960 e 1970: VI, VIII e IX Bienais de São Paulo, Salão Paulista de Arte Moderna (1968), Salão Paulista de Arte Contemporânea (Prêmio Governador do Estado, 1972), entre outros eventos.

Professor titular do Departamento de História da Arquitetura e Estética do Projeto, da Faculdade de Arquitetura e Urbanismo da Universidade de São Paulo, suas atividades como professor e pesquisador contemplam em especial a arquitetura brasileira e a questão da preservação do patrimônio cultural – neste sentido, prestou colaboração profissional ao Condephaat (Conselho de Defesa do Patrimônio Histórico, Arqueológico, Artístico e Turístico do Estado de São Paulo). É membro do comitê brasileiro do Icomos (International Council of Monuments and Sites) e do Comitê Brasileiro de História da Arte (filiado ao CIHA).

Tem trabalhos publicados em revistas e jornais (em especial, como colaborador da *Folha de S. Paulo)*. Publicou diversos livros, entre eles *Cozinhas etc.* (São Paulo, Perspectiva, 2ª ed., 1978), *Arquitetura brasileira* (São Paulo, Melhoramentos, 1979), *Escultura colonial brasileira* (Munique, Deutsche Übersetzung Editoren Tcam, 1979), *O que é patrimônio histórico* (São Paulo, Brasiliense, 4ª ed., 1985), *Notas sobre* a *arquitetura tradicional de São Paulo* (São Paulo, FAU/USP, 2ª ed., 1984), *Alvenaria burguesa* (São Paulo, Nobel, *1986), História da casa brasileira* (São Paulo, Contexto, 1989), *Ramos de Azevedo e seu escritório* (São Paulo, Pini, 1993), *Casa paulista* (São Paulo, Edusp, 1999) e A *república ensina a morar (melhor)* (São Paulo, Hucitec, 1999). Em co-autoria, publicou *Dicionário da arquitetura brasileira* (com Eduardo Corona. São Paulo, EDART, 1972), *São Paulo, sua arquitetura: colônia e império* (com desenhos de Renée Lefevre. São Paulo, Nacional/Edusp, 1974), *Habitação popular paulistana* (com Maria Ruth Sampaio.

São Paulo, FAU/USP, 1977), *Retratos quase inocentes* (com Carlos E. M. de Moura, Aracy Amaral e Jean-Claude Bernardet. São Paulo, Nobel, 1983) e *Arquitetura moderna paulistana* (com Alberto Xavier e Eduardo Corona. São Paulo, Pini, 1983), entre outros. Participou, com o capítulo "Arquitetura Contemporânea", do 2º volume da *História geral da arte no Brasil,* organizado por Walter Zanini (São Paulo, Instituto Walther Moreira Salles, 1983), além de várias colaborações em obras coletivas.